Télégone

TELEGONE,
TRAGEDIE

REPRESENTÉE POUR LA PREMIERE FOIS
PAR L'ACADÉMIE ROYALE DE MUSIQUE

Le Mardi sixiéme Novembre 1725.

Le prix est de quarante sols.

A PARIS,

Chez la Veuve de PIERRE RIBOU, seul Libraire de
l'Académie Royale de Musique; Quai des Augustins,
à la descente du Pont-Neuf, à l'Image S. Loüis.

M. DCC. XXV.

Avec Approbation & Privilege du Roy.

ACTEURS CHANTANS DU PROLOGUE.

AMALTHÉE, Mlle Ermans.
VENUS, Mlle Lagarde.
L'AMOUR, Mlle Dun.

Acteurs & Actrices chantans dans tous les Chœurs du Prologue & de la Tragedie.

CÔTÉ DU ROY.	CÔTÉ DE LA REINE.
Mesdemoiselles	Mesdemoiselles
Constance.	Milon.
Souris L.	La Roche.
Antier-C.	Tettelette.
Souris-C.	Charlard.
Dutilliée.	Perignon.
Dun.	Momoto.
Gentilhomme.	Ducoudray.
Messieurs	Messieurs
Flamand.	Corbie.
Bremond.	Morand.
Saint Martin.	Le Myre-L.
Loüette.	Bertin.
Deshayes.	Dautrep.
Buzeau.	Corail.
Duplessis.	Houbeau.
Naudé.	Duchêne.

ACTEURS DANSANS DU PROLOGUE.

SUITE DE VENUS.

Mademoiselle Delisle-L.
Monsieur Myon, Mademoiselle Menès.
Mesdemoiselles la Martinere, Delisle-C.

SUITE DE L'AMOUR.

Messieurs Dumoulin-L., Thabary, Lamotte, Savar.
Mesdemoiselles la Ferriere, Duval, Rey, Thyber.

PROLOGUE.

Le Theatre represente une des Isles Fortunées.

SCENE PREMIERE.

AMALTHE'E, *Habitants de l'Isle Fortunée.*

AMALTHE'E.

Aisibles Habitants de ces aimables lieux,
Est-il des Peuples sous les Cieux
Aussi fortunez que vous l'êtes ?
Par l'ordre du Maître des Dieux,
Je verse à pleines mains dans ces douces Retraites
Mes Tresors les plus précieux.

Chantez votre bonheur extrême ;
C'est votre unique soin dans ces heureux Climats :
Le Plaisir vous cherche lui-même;
Il vole au-devant de vos pas.

a iij

PROLOGUE.
CHOEUR.

Chantons notre bonheur extrême ;
C'est notre unique soin dans ces heureux Climats ;
Le Plaisir nous cherche lui-même ;
Il vole au-devant de nos pas.

Symphonie douce.

AMALTHE'E.

Mais, quels Concerts se font entendre ?
Ah ! malgré moi, que j'y trouve d'attraits ;
C'est Venus que je voi descendre :
Vient-elle de ces lieux troubler l'aimable paix ?

PROLOGUE.

SCENE II.

VENUS, *les Graces, & les Acteurs de la Scene precedente.*

VENUS.

PEuples que le Ciel a fait naître
  Pour goûter le fort le plus doux,
Vous êtes moins heureux que vous ne croyez l'être,
Vous ignorez un bien qui les raſſemble tous ;
C'eſt mon Fils, c'eſt l'Amour qui ſeul en eſt le Maître.

CHOEUR.

Hâtez-vous de remplir nos vœux,
Achevez de nous rendre heureux.

AMALTHE'E.

Ce nouveau ſoin qui vous dévore
Vous ôte un bonheur plein d'atraits :
Un ſeul bien qu'on deſire encore
Rend tous les autres imparfaits.
Qu'il vous en coûtera d'allarmes !

PROLOGUE.

VENUS.
Un bien qui coûte cher n'en a que plus de charmes.

Acheve de les rendre heureux,
Amour, répand tes douces flâmes:
Vole, vien verser dans leurs ames
Le seul bien qui manque à leurs vœux.

SCENE III.

VENUS, L'AMOUR, *Suite de l'Amour,* AMALTHE'E, *Troupe d'Habitants de l'Isle Fortunée.*

L'AMOUR.

DE mes Sujets nouveaux le destin m'interesse,
J'en veux faire d'heureux Amants.
Amours, Jeux & Plaisirs, qu'à l'envi tout s'empresse
A lier tous les Cœurs des nœuds les plus charmants.

Les Amours, les Jeux & les Plaisirs dansent avec des Festons de fleurs, dont ils enchaînent les Habitants de l'Isle Fortunée.

VENUS.

PROLOGUE.

VENUS.

Amour, sur ces charmants Rivages
Fais regner avec toi les plaisirs les plus doux;
Garde pour d'autres lieux les funestes ravages
　　Qu'excitent les transports jaloux :
Tu dois donner des Loix à tout ce qui respire;
　　Mais pour former d'aimables nœuds,
Sur les Jeux & les Ris fonde un nouvel Empire,
Et n'enchaîne les Cœurs que pour les rendre heureux.

CHOEUR.

Chantons le sort heureux où l'Amour nous appelle,
　　Qu'il regne sur nous à jamais :
　　Liberté tu n'as point d'atraits
　　Au prix d'une chaîne si belle.

VENUS.

Non, ces douces Retraites
Ne sont pas faites
Pour de vains loisirs ;
C'est aux desirs,
C'est aux soupirs
A faire les vrais plaisirs.

PROLOGUE.

Que sans cesse
Mon Fils vous blesse ;
Ce n'est qu'aux Amours
Qu'on doit les beaux jours.
Tendres flâmes,
Seul bien des ames,
Que vos ardeurs
Brûlent tous les Cœurs.

On danse.
L'AMOUR.
Non, ce n'est qu'un cœur tendre
Qui doit attendre
Des jours pleins d'attraits ;
On n'a jamais
De biens parfaits,
Que l'on n'ait senti mes traits.
Dures chaînes,
Cruelles peines,
Le sort le plus doux
Ne vient qu'après vous :
Mais on aime
L'attente même;
Un seul moment
Paye un long tourment.
On danse.

VENUS ET AMALTHÉE.

Amour, dans ces climats forme de douces chaînes :
Qu'on se livre sans crainte aux plus tendres desirs,
Heureux qui peut goûter les plus charmants plaisirs
 Sans éprouver les moindres peines !

AMALTHÉE.

 Soyez heureux
 Par ma presence,
 Soyez heureux
 Cœurs amoureux :
Les biens charmants que répand l'Abondance
  Font des Amours
  Les plus beaux jours.

LE CHOEUR.

Chantons le sort heureux où l'Amour nous appelle,
 Qu'il regne sur nous à jamais :

 Liberté tu n'as point d'attraits
 Au prix d'une chaîne si belle.

Fin du Prologue.

PRIVILEGE DV ROY.

LOUIS par la grace de Dieu Roi de France & de Navarre: A nos amés & feaux Conseillers les gens tenant nos Cours de Parlement, Maîtres des Requêtes ordinaires de nôtre Hôtel, Grand Conseil, Prevôt de Paris, Bailliffs, Senechaux, leurs Lieutenans Civils, & autres nos Justiciers qu'il appartiendra, Salut. Les Sieurs Besnier Avocat en Parlement, Chomat, Duchesne, & de la Val de S. Pont, Bourgeois de notre bonne ville de Paris, Nous ont fait remontrer, qu'en consequence de l'Arrêt de notre Conseil du 12. Decembre 1712. du Traité fait entre eux & les Sieurs de Francine & Dumont le 24. desd. mois & an, & de nos Lettres Patentes du 8. Janvier ensuivant, confirmatives du Traité, ils auroient acquis le Privilege de faire representer les Opera durant le tems de vingt années, à compter du 10. Août 1712. ainsi que le Privilege de la vente des Paroles desd. Opera, lesquelles ils desireroient faire imprimer pour les donner au Public, s'il Nous plaisoit leur accorder nos Lettres de Privilege sur ce necessaires. A CES CAUSES desirant favorablement traiter les Exposans, attendu les charges dont l'Académie Royale de Musique se trouve oberée, & les grandes dépenses qu'il convient de faire tant pour l'impression que pour la gravûre en taille-douce des Planches dont ce Livre sera orné, Nous leur avons permis & permettons par ces Presentes de faire imprimer & graver les Paroles & la Musique de tous lesd. Opera, qui ont été ou qui seront representez par l'Académie Royale de Musique, tant separément que conjointement, en telle forme, marge, caractere, nombre de volumes & de fois que bon leur semblera, & de les faire vendre & debiter par tout notre Royaume pendant le tems de dix neuf années consecutives, à compter du jour de la date desdites Presentes. Faisons défenses à toutes personnes, de quelque qualité & condition qu'elles puissent être, d'en introduire d'impression étrangere dans aucun lieu de notre obéïssance; & à tous Imprimeurs, Libraires, Graveurs, & autres, d'imprimer, faire imprimer, vendre, faire vendre, debiter, ni contrefaire lesdites impressions, planches & figures, en tout ni en partie, sans la permission expresse & par écrit desdits Sieurs Exposans, ou de ceux qui auront droit d'eux, à peine de confiscation des Exemplaires contrefaits, de six mille liv. d'amende contre chacun des contrevenans, dont un tiers à Nous, un tiers à l'Hôtel-Dieu de Paris, l'autre tiers auxdits Sieurs Exposans, & de tous dépens, dommages & interêts, à la charge que ces Presentes seront enregistrées tout au long sur le Regître de la Communauté des Imprimeurs & Libraires de Paris, & ce dans trois mois de la date d'icelles; que la gravûre & impression desdits Opera sera faite dans notre Royaume & non ailleurs, en bon papier & en beaux caracteres, conformement aux Reglemens de la Librairie, & qu'avant de les exposer en vente il en sera mis deux Exemplaires dans notre Bibliotheque publique, un dans celle de notre Château du Louvre, & l'autre dans celle de notre tres-cher & feal Chevalier Chancelier de France le Sieur Phelypeaux, Comte de Pontchartrain, Commandeur de nos Ordres, le tout à peine de nullité des Presentes; du contenu desquelles vous mandons & enjoignons de faire joüir lesd. Sieurs Exposans, ou leurs ayant cause, pleinement & paisiblement, sans souffrir qu'il leur soit fait aucun trouble ou empêchement. Voulons que la copie desdites Presentes, qui sera imprimée au commencement ou à la fin desd. Opera, soit tenuë pour duëment signifiée, & qu'aux copies collationnées par l'un de nos amés & feaux Conseillers & Secrétaires foi soit ajoûtée comme à l'Original. Commandons au premier notre Huissier ou Sergent de faire pour l'execution d'icelles tous Actes requis & necessaires, sans demander autre permission, & nonobstant Clameur de Haro, Charte Normande & Lettres à ce contraires: Car tel est notre plaisir. Donné à Versailles le 10. jour d'Août l'an de Grace 1713 & de notre Regne le soixante-onzième. Par le Roi en son Conseil signé BESNIER avec paraphe, & scellé.

Nous avons cedé à M. Ribou le present Privilege suivant le Traité fait avec lui le 17. Juillet dernier 1713. A Paris le 12. Août 1713. Signé BESNIER.

Registré sur le Regître avec la Cession, n. 3. de la Communauté des Libraires & Imprimeurs de Paris, page 643. n. 741. conformément aux Reglemens, & notamment à l'Arrêt du 31. Août 1703. Fait à Paris ce 11. Septembre 1713. L. JOSSE, Syndic.

ACTEURS DANSANS
DE LA TRAGEDIE.

ACTE PREMIER.
MATELOTS ET MATELOTTES.

Monsieur D Dumoulin.
Messieurs F-Dumoulin, P-Dumoulin, Maltaire-L.
Maltaire-C.
Mademoiselle Prevôt.
Mesdemoiselles Laferiere, Tyber, Delisle-C.,
Binet.

ACTE II.
DEMONS transformez en Plaisirs.

Mademoiselle Prevost.
Monsieur Laval, Mademoiselle Petit.
Messieurs Dumoulin-L., Myon, P-Dumoulin,
Dangeville.
Mesdemoiselles Delisle-L., Duval, Rey, Lemaire.

ACTE III.

PRESTRES ET PRESTRESSES
de Diane.

*Mademoiselle Menés.
Messieurs Laval, Maltaire-C , Maltaire-L.,
Lamotte.
Mesdemoiselles Duval., la Ferriere , Petit ,
Thyber.

ACTE IV.

DEMONS.

LES TROIS FURIES.

Messieurs P-Dumoulin , Laval, Dangeville.
Monsieur Maltaire-C.
Messieurs Pierret , Lamotte, Savar , Tabary ,
Picard, Esex.

ACTE V.

HABITANTS D'ITAQUE.

Monsieur Blondy.
Messieurs Pierret, Tabary, Javilliets, Savar.
Mesdemoiselles Rey., Lemaire, Verdun, Thyber.

BERGERS ET BERGERES.

Monsieur D-Dumoulin.
Mademoiselle Prevost.
Messieurs Dangeville., P-Dumoulin., Maltaire-L;
Lamotte.
Mesdemoiselles Laferriere., Petit; Binet, Delisle-G.

ACTEURS CHANTANS
DE LA TRAGEDIE.

ULYSSE, *Roi d'Itaque*,   Mr. Dubourg.
CIRCE', *Fille du Soleil*,   Mlle Antier.
TELEGONE, *Fils d'Ulysse & de Circé*, Mr Thevenard.
ELISMENE, *Princesse de Corcyre*, Mlle Lemaure.
TELEMAQUE, *Fils d'Ulysse & de Penelope*,
                                  Mr Murayre.
MELICE, *Confidente de Circé*,   Mlle Souris-L.
NEPTUNE,   Mr. le Mire-C.
Deux Matelottes,   Mlle Mignier & Mlle Antier-C.
Un Plaisir,   Mlle Souris-L.
Le Grand Prêtre de Minerve,   Mr Tribou
Une Bergere,   Mlle Mignier.

TELEGONE,

TELEGONE,
TRAGEDIE.

ACTE PREMIER.
Le Théâtre represente le Rivage d'Itaque.

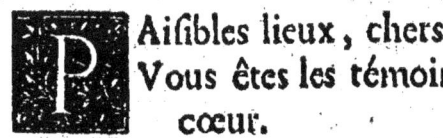

SCENE PREMIERE.
ELISMENE.

Paisibles lieux, chers Rivages d'Itaque,
Vous êtes les témoins du trouble de mon cœur.
On doit unir mon sort au sort de Telemaque ;
Mais je le vois lui-même éloigner son bonheur :
Chaque jour, chaque instant ralentit son ardeur.

A

TELEGONE,

Paisibles lieux, chers Rivages d'Itaque,
Vous êtes les témoins du trouble de mon cœur.

Pour chercher sur ces bords un trône qui m'apelle,
J'abandonne Corcyre, où j'ai reçu le jour ;
Je trouve dans ces lieux une brillante Cour ;
    J'y dois regner sur un peuple fidéle :
    Mais helas ! dans ce beau sejour
Mon cœur s'étoit promis un plus charmant empire ;
Cependant, à mes yeux, si mon Amant soupire,
    C'est plus de douleur que d'amour.

SCENE II.

TELEMAQUE, ELISMENE.

ELISMENE.

AH ! Prince, assez long-tems sur ce triste rivage
    La mort de Penelope a fait couler vos pleurs ;
Ne calmerez-vous point ces mortelles douleurs
    Que l'Amour veut que je partage ?
    L'Hymen va couronner vos feux ;
    J'en dois faire mon bien suprême :
    Mais si vous n'êtes pas heureux
Puis-je esperer helas ! d'être heureuse moi-même ?

TRAGEDIE.

TELEMAQUE.

Je vous aime, Elifmene, & j'attefte les Dieux....

ELISMENE.

Non ; ces garands de votre flâme,
Ces Dieux par votre bouche attestez à mes yeux
Ne sçauroient dissiper le trouble de mon ame.

Ce n'est pas la foi des serments
Qui doit rasurer les Amants
Contre une inconstance funeste ;
Un regard, un soupir, une tendre langueur,
Se font bien mieux entendre au cœur
Que tous les Dieux que l'on atteste.

TELEMAQUE.

Mon cœur des mêmes feux se sent toujours brûler,
Ne doutez point de ma tendresse :
Mais je vois qu'il est tems de ne vous rien celer,
Ce jour qui doit m'unir au sort de ma Princesse,
Ce jour heureux me fait trembler.

ELISMENE.

Justes Dieux ! quel est ce mystere ?

TELEMAQUE.

Vous sçavez que Neptune enflâmé de colere
Poursuivoit l'auteur de mes jours :
Le soin d'une tête si chere

A ij

A ses sacrez Autels me fit avoir recours.
J'esperois, par un sacrifice,
Au lieu d'un Dieu vengeur, en faire un Dieu propice;
J'entends d'un bruit affreux, son Temple retentir;
Mon encens lui tient lieu de crime,
Et la foudre, prête à partir;
Fait trembler à la fois le Prêtre & la Victime:
Mais de mon Pere enfin on m'annonce le sort:
Ce terrible Oracle me frape.

N'espere point qu'Ulysse à ma vengeance échape;
Le jour de ton Hymen est celui de sa mort.

ELISMENE.
Le jour de votre Hymen! malheureuse Elismene,
A quoi te reservent les Dieux?
Fui plutôt de ces tristes lieux.

TELEMAQUE.
Helas! si vous partez, ma mort est trop certaine.
Telegone avant moi vous étoit destiné;
Lui portez-vous un bien que l'Amour m'a donné?

ELISMENE.
Son bras avoit cent fois défendu notre Empire;
Mais, pour aspirer jusqu'à moi,
Il falloit être né d'un Heros ou d'un Roi.
Incertain de son sort, il partit de Corcyre,

TRAGEDIE.

Pour faire à son retour éclater à mes yeux,
    Le sang de ses Ayeux :
Je lui promis ma main par l'ordre d'une Mere ;
Mais quand il aprendra qu'Elismene est à vous,
    Que je crains ses transports jaloux !
On doit tout redouter d'un cœur qu'on desespere.

TELEMAQUE.
Je crains de plus cruels malheurs.

ENSEMBLE.

Laissez-vous fléchir par nos pleurs,
Dieux, qui nous donnez tout à craindre ;
Eh ! pourquoi les plus tendres cœurs
Sont-ils toujours les plus à plaindre ?

TELEMAQUE.
On vient celebrer l'heureux jour,
Où mon Pere aborda ce tranquile Rivage ;
Puissant Maître des Flots, daigne accepter l'hommage
    Que nous t'offrons pour son retour.

TELEGONE,

SCENE III.
ULYSSE, TELEMAQUE, ELISMENE,
Troupe d'Habitants d'Itaque & de Matelots.

MARCHE.
ULYSSE à *Telemaque.*

Que ce jour a pour moi de charmes!
J'ose enfin me flater d'avoir fléchi les Dieux;
Aprés de mortelles allarmes,
L'aimable Paix regne en lieux.

Peuples, qui vivez sous ma loi,
La paix dans ces beaux lieux succede au bruit des
armes :
Unissez vos cœurs & vos voix,
Pour celebrer un sort si plein de charmes.

CHOEUR.
Celebrons un destin si doux,
Le Ciel répond à notre attente;
Chantons la paix qui nous enchante,
Qu'elle regne à jamais sur nous.

On danse.

TRAGEDIE.
UN MATELOT.

Dans le sein du repos,
Nous bravons le ravage
Des vents & des flots;
Ne quittons point le rivage,
Goûtons les plaisirs à longs traits;
Joüissons de la paix,
Doux repos regnez à jamais.
Qu'on n'éprouve d'allarmes
Que celles des Amants;
Tout est plein de charmes,
Tout plaît jusqu'à leurs tourments.
  Cherissons les feux
D'un Dieu qui peut combler nos vœux:
  Les Ris & les Jeux
Seront le prix de nos larmes,
  Nous serons heureux.

On danse.

DEUX MATELOTTES.

Qu'il est doux après mille orages,
D'arriver au port des Plaisirs!!
Pour gagner ces charmants rivages,
  Ce sont les Zéphirs
  Que les soûpirs.

TELEGONE,
Plus de larmes,
Plus d'allarmes,
L'onde rit à nos defirs.

Qu'il eft doux, &c.

Calme aimable,
Sois durable,
Tu nous fais d'heureux loifirs.

Qu'il eft doux, &c.

On danfe.

UNE MATELOTTE.
L'Amour, comme Neptune,
Lorfqu'un jeune Amant
Va tenter la Fortune,
Fait fentir en ce moment
Le peril de l'embarquement.
Que de regrets
Pour l'aimable paix
Qu'on craint de perdre à jamais!
Quelle image!
L'on voit le naufrage;
Rends-nous au rivage,
Amour, tu le peux:
Rends-nous heureux,
Enchaîne les Vents orageux.

TRAGEDIE.

La Mer s'agite, on voit plusieurs Vaisseaux, dont il y
en a un qui perit.

CHOEUR.

Dieux ! quelle tempête soudaine
S'éleve sur l'humide Plaine !
Que d'infortunez vont perir !
Leur Vaisseau vole au gré de l'Onde.

CHOEUR *de Matelots dans le Vaisseau.*

Que le juste Ciel nous seconde !

ULYSSE.

Terrible Dieu des Flots, daigne les secourir.

SCENE III.

NEPTUNE *& les Acteurs de la Scene*
précedente.

NEPTUNE *sortant du sein des Flots.*

ENtendrai-je toujours cette voix importune
  Du plus grand de mes Ennemis ?
  Est-ce à toi d'implorer Neptune ?
Tremble, malheureux Roi, je vais vanger mon Fils.

B

TELEGONE,
TELEMAQUE.

Quelle menace! ah! j'en frémis.

NEPTUNE *rentre sous les Flots & le Vaisseau va se briser.*

ULYSSE, TELEMAQUE, ELISMENE.

Dieux, qui faites trembler la Terre
Entendez-nous du haut des Cieux,
Lancez, lancez votre Tonnerre
Sur les Mortels audacieux:
Mais, quand votre courroux marque votre puiss-
ance,
En punissant le crime, épargnez l'innocence.

ULYSSE.

Malgré leurs Décrets rigoureux,
Il faut montrer un front digne du Diadême;
Ces bords ne sont couverts que de débris affreux:
Faisons-nous une loi suprême
De secourir les malheureux.

Fin du premier Acte.

TRAGEDIE.

ACTE II.

Le Théatre represente le Rivage de la Mer.

SCENE PREMIERE.

TELEGONE.

 Rands Dieux! quelle est mon infortune!
Faut-il que contre moi le Ciel soit irrité!
Par quel crime ai-je merité
Toute la fureur de Neptune?

Brûlant du plus ardent amour
Je pars des Rives de Corcyre;
Du Dieu des vastes Mers je traverse l'Empire;
Circé doit m'annoncer à qui je dois le jour.

TELEGONE,

Les Vents, les Flots, les Dieux, contre moi tout
    conspirês
Je fais naufrage enfin, la mort frappe mes yeux :
Mais elle fuit encor cette mort favorable,
Et je me vois sauvé par la main secourable
    D'un Mortel plus grand que les Dieux ;
    Mais, c'est lui-même qui s'avance :
Quels doux transports m'inspire sa presence!

SCENE II.

ULYSSE, TELEGONE.

ULYSSE.

Malheureux Etranger, joüissez du repos
Qu'on ne trouve jamais dans l'Empire des
    Flots.
Comme vous, des Destins éprouvant l'injustice,
J'ai plus longtems que vous erré de Mers en Mers.
Ah! quel nom fût jamais, par d'illustres revers,
    Plus fameux que le nom d'Ulysse!

TELEGONE.

Vous, Ulysse ? vous ce grand Roi
Que toute la Grece révere!

Par vos soins genereux le jour encor m'éclaire!
Ah! Seigneur, de quel prix doit-il être pour moi
　　Quand j'apprends à qui je le dois?
Trop heureux, si pour vous je perdois une vie,
Qui sans vous sous les Flots m'alloit être ravie!

ULYSSE.

Que d'un si tendre aveu mon cœur est satisfait!
　　C'est ma plus douce recompense;
Quand on peut inspirer tant de reconnoissance,
　　On est trop payé du bienfait.
Puis-je sçavoir quel Sang vous donna la naissance?

TELEGONE.

Une immortelle main prit soin de mon enfance.
Dieux! daignez m'aquitter de ce que je lui dois;
Mais, quelque soit mon pere, on veut que je l'i-
　　gnore,
　　On m'en fait une dure loi.
　　Puisse-t'il, s'il respire encore,
　　Etre moins malheureux que moi?

ULYSSE.

　　Pour l'auteur de votre naissance,
　　Quand vous formez ces tendres vœux,
Vous méritez vous-même un destin plus heureux;
Mais aprés tant de maux reprenez l'esperance.

TELEGONE.

Mon destin me condamne à traverser les Mers ;
Sans Vaisseaux, sans secours, que faut-il que j'espere ?

ULYSSE.

Tous mes secours vous sont offerts ;
Mais, à vos yeux si ma presence est chere,
Pourquoi quitter des lieux où vous trouvez un
  pere,
Que vous allez chercher au bout de l'Univers ?

TELEGONE.

En d'autres lieux l'Amour m'appelle.
Que je parte; & bien-tôt à vos ordres soumis,
Je rapporte à vos pieds, dans un sujet fidele
  Toute la tendresse d'un Fils.

ULYSSE.

En d'autres lieux votre amour vous attire !
  Quel est l'objet d'un feu si beau ?

TELEGONE.

C'est la Princesse de Corcyte
  Qui m'a soumis à son Empire ;
Et l'Hymen doit pour nous allumer son Flambeau.

ULYSSE à *Telegone.*

La Princesse Elismene à vos feux est promise !

TRAGEDIE.
TELEGONE
D'où peut naître votre surprise ?
ULYSSE
Que je plains votre sort !
TELEGONE
Seigneur, que dites-vous ?
ULYSSE
On lui destine un autre Epoux.
TELEGONE
Que deviens-je ? un Rival m'arrache ma Princesse !
Destin !
ULYSSE
C'est à l'oubli qu'il faut avoir recours.
TELEGONE
Eh ! le puis-je ? grands Dieux !
ULYSSE
A regret je vous laisse :
Mais, moi-même, en ces lieux j'ai besoin de secours;
Je vais implorer la Déesse
Qui veille sur mes tristes jours.

SCENE III.

TELEGONE *seul.*

JE suis trahi ! quel prix d'un amour si fidele ?
On m'arrache Elismene ! Ulysse, Dieu des Mers !
Mille abîmes m'étoient ouverts ;
Pourquoi sauver des jours qui n'étoient pas pour
elle ?
Ah ! c'est trop à la fois éprouver de revers ;
Je sens que je succombe à ma douleur mortelle.

*Il tombe sur un lit de gazon ; on voit paroître Circé
dans un Char brillant, comme Fille du Soleil.*

ULYSSE.

.... regret je vous laisse :
Mais, marchons, en ces lieux, à bé[s]oin de secours,
Je vais implorer la Deesse
Qui veille sur mes tristes jours.

SCENE IV.

SCENE IV.
CIRCE', TELEGONE.

CIRCE' *descenduë de son Char.*

Qu'une nouvelle Flore embellisse ces lieux,
Et qu'un nuage épais nous cache à tous les yeux.
Sur ce gazon, c'est mon Fils qui repose;
Le Sommeil par mes soins lui prête son secours;
C'est par moi qu'il suspend le cours
Des tourments que l'Amour lui cause:
Mais, tandis que mon Art semble le soulager,
Je ne songe qu'à me venger.

Vous, qui reconnoissez Circé pour vôtre Reine,
Démons, secondez mes desirs;
D'un malheureux Amant venez flatter la peine:
Volez, transformez-vous en d'aimables Plaisirs.

SCENE V.

CIRCE', *Troupe de Démons transformez en Plaisirs & en Nymphes.*

CHOEUR.

Circé, de votre nom remplissez l'Univers;
Changez à votre gré le jour en nuit obscure:
Triomphez à la fois des Cieux & des Enfers,
Regnez sur toute la Nature.

On danse.

UNE NYMPHE.

La constance
D'un tendre Amant
Mérite un sort charmant.
Flatteuse esperance,
Volez & calmez son tourment.
D'un cœur tendre
Peut-on se défendre?
D'un cœur tendre
Les Ris & les Jeux
Doivent combler les vœux.

TRAGEDIE.

La plus dure peine
Tôt ou tard ameine
Le moment heureux;
Amants, prés de vos Belles
Soyez toujours fideles,
Ce moment si doux
N'est pas loin de vous.

On danse.

UN PLAISIR *alternativement avec le Chœur.*

Que la Gloire
De la Victoire
Anime un Cœur qui veut aimer;
Dans ses chaînes
S'il voit des peines
Mille Plaisirs doivent le charmer.

CHOEUR.

Que la Gloire, &c.

UN PLAISIR.

Beautez les plus inhumaines,
En vain vos yeux s'arment de rigueurs;
L'Amour tôt ou tard regne sur vos cœurs.

CHOEUR.

Que la Gloire, &c.

UN PLAISIR.

C'est perdre tems que se défendre ;
Au Dieu d'Amour tout doit se rendre :
Est-il rien qu'il ne puisse enflâmer ?

CHOEUR.

Que la Gloire, &c.

TELEGONE *en s'éveillant.*

Quelles séduisantes images
Viennent de frapper mes esprits !
Où suis-je ? quels Palais ! quels aimables Rivages !

CIRCE'.

De tout ce que tu vois cesse d'être surpris.

TELEGONE.

C'est vous ? Circé ! c'est vous ? favorable Immortelle !

CIRCE'.

Le soin de ton bonheur dans Itaque m'appelle.
Je viens servir tes feux ; mais apprends à quel prix.

Un Mortel m'a fait une offense,
Il faut qu'il en perde le jour :
Sois prêt à servir ma vengeance,
Et je servirai ton amour.

TELEGONE.

Déesse, attendez tout de ma reconnoissance.

TRAGEDIE.

Que ne vous dois-je point ? helas !
C'eſt peu des tendres ſoins donnez à mon enfance,
Vous m'offrez un bien plein d'appas,
Qui fait ma plus chere eſperance.
Je n'examine rien, commandez, j'obéïs.
Vos vœux ne ſeront point trahis;
Qui faut-il immoler ?

CIRCÉ.

Il n'eſt pas tems encore
De te montrer le cœur où ta main doit frapper.

TELEGONE.

Quel qu'il ſoit, à mes coups il ne peut échaper.
Mais enfin, plus longtems faudra-t'il que j'ignore
De quel Sang les Dieux m'ont formé ?

CIRCÉ.

Non; tu n'en ſeras informé
Qu'aprés avoir ſervi ma rage.
Je ne te dis qu'un mot, tu ſors du Sang des Rois;
Que ce premier aveu ranime ton courage.

TELEGONE.

Achevez.

CIRCÉ.

Fais ce que tu dois;
Je t'en apprendrai davantage.

Ne crains point cependant qu'un Hymen odieux
Malgré Circé t'enleve ta Princesse.
Te dirai-je encor plus ? l'objet de ta tendresse
Ton Elismene est en ces lieux.

TELEGONE.

Elismene en ces lieux!

CIRCÉ.

Tu la vois qui s'avance;
Elle est prête à trahir sa foi :
Mais ne perds jamais l'esperance,
Tant que Circé sera pour toi,

SCENE VI.

TELEGONE, ELISMENE.

ELISMENE.

Que vois-je? Telegone à mes yeux se présente!
Fuyons.

TELEGONE.

Non, demeurez trop infidelle Amante;
Je sçai tout ; le Destin de mon bonheur jaloux
A votre Hymen me défend de prétendre;

TRAGEDIE.
ELISMENE.

Eh bien ! puisqu'en ces lieux on a sçu vous l'apprendre,
Vous m'aimez vainement, je ne puis être à vous ;
Telemaque est choisi pour être mon Epoux.

TELEGONE.

Quoi ! le Fils de ce même Ulysse
Qui vient de me sauver le jour !
Dieux ! quel effroyable supplice
De sentir à la fois & la Haine & l'Amour !
Mais non, ce n'est qu'à vous que mon cœur doit s'en prendre ;
C'est vous qui me manquez de foi.

ELISMENE.

En faveur de vos feux que pouvois-je entreprendre ?
Pour me donner à vous, il falloit être à moi.
Une suprême loi s'explique pour un autre,
Elle m'a nommé mon Vainqueur ;
Le devoir engage mon cœur ;
C'est au dépit à dégager le vôtre.

TELEGONE.

En vain un dépit éclatant
Veut me faire oublier une Beauté cruelle ;
Je ne vous aimai jamais tant :

TELEGONE,

Toute ingrate, toute infidelle,
A mes yeux enchantez, vous n'êtes que trop belle;
Peut-on voir tant d'appas, & n'être pas constant?

Je traversai les flots, flaté de l'esperance
  De goûter le sort le plus doux,
J'aspirois au bonheur d'être un jour votre Epoux;
Je ne comptai pour rien les tourments de l'absence:
J'allois faire briller l'éclat de ma naissance,
  Pour être plus digne de vous.
Mais un Rival....

BLISMENE.

  Pourquoi vous tourmenter vous-même?
Ce n'est que par le sort que vos vœux sont trahis:
Ne vous informez point si je hais ou si j'aime,
  J'obéïssois & j'obéïs.

SCENE VII.

SCENE VII.

TELEGONE *seul.*

CE n'est que le Destin qui s'oppose à mes vœux!
  Elle obéit! dois-je l'en croire?
Et puis-je me flater d'une douce victoire?
  Je pourrois encore être heureux!
Suivons le doux transport qui de mon cœur s'em-
  pare:
Eh! qui peut mettre obstacle au succès de mes
  vœux
    Quand pour moi Circé se déclare?
    Vengeons-là sans plus balancer.
Je brûle de sçavoir quel Sang je dois verser.

Pour couronner mes feux tout est d'intelligence,
    Je triomphe en cet heureux jour;
    Et quand je vole à la vengeance,
    Je sers ma gloire & mon amour.

Fin du second Acte.

ACTE III.

Le Theatre represente le Temple de Minerve.

SCENE PREMIERE.

CIRCE'.

Amour, trop funeste vainqueur,
Laisse-moi me livrer au transport qui m'entraîne.
Va, fors pour jamais de mon cœur;
N'y laisse regner que la Haine.

SCENE II.

CIRCÉ, MELISSE.

CIRCÉ.

Mon Perfide ne te suit pas !

MELISSE.

Il viendra bien-tôt sur mes pas :
Mais que prétendez-vous ?

CIRCÉ.

Je l'ignore moi-même.
Mon cœur à chaque instant est prêt à se trahir,
Je sçai que je dois le haïr ;
Cependant malgré moi je sens trop que je l'aime.

Qu'on a peine à quitter un tendre engagement !
Que de plaisirs je me rappelle !
Que j'aime à m'occuper de ce premier moment,
Où je vis mon volage Amant
Me jurer à mes pieds une ardeur éternelle !
Ah ! que l'Ingrat étoit charmant !
Qu'il le seroit encor s'il m'eût été fidele !

MELISSE.

Mais, qu'esperez-vous d'un amour
Qui vous fut si fatal jusqu'à ce triste jour ?
Des feux dont autrefois vous brûliez l'un pour
l'autre,
Vous n'avez eu tous deux qu'un trop funeste prix ;
Vous avez immolé son Fils,
Que je n'ose appeller le vôtre.

CIRCÉ.

Non, Mélisse, ce Fils ne fut pas immolé,
Je ne t'en dis pas davantage ;
Ulysse peut encor réparer son outrage :
Qu'il reprenne l'amour dont son cœur a brûlé,
Et de nos premiers feux je lui rends ce cher gage :
Mais, s'il balance encore à me rendre sa foi,
Ce Fils même....

MELISSE.

Achevez.

CIRCÉ.

Qu'il frémisse d'effroi.
C'est par mes soins que l'Infidele
Apprit que ma juste fureur
L'avoit précipité dans la nuit éternelle,
C'est-là le premier coup dont j'ai frappé son cœur :
Mais encore une fois qu'il tremble, qu'il frémisse.

TRAGEDIE.

Je ne veux le tirer d'erreur
Que pour augmenter son supplice.
Il vient, je vais sur lui faire un dernier effort;
Toi garde mon secret, ou n'atends que la mort.

SCENE III.
ULYSSE, CIRCE'.

ULYSSE.

OSez vous à mes yeux vous presenter encore
　　Après un parricide affreux?
Fuyez, délivrez-moi d'un objet que j'abhorre.

CIRCE'.

Cet objet autrefois attira tous tes vœux.

A mes foibles attraits quand tu rendis les armes
Mes yeux t'étoient plus chers que le Flambeau du
　　　　jour;
　　Je brillerois encor des mêmes charmes,
　　Si tu brûlois encor du même amour.
Rappelle cet amour.

ULYSSE.
　　　　　Vous avez sçu l'éteindre
Dans les flots du sang de mon Fils.

D iij

CIRCÉ.
Sans chercher quels forfaits je puis avoir commis,
 Songe à ceux qu'il te reste à craindre,
Tremble.

ULYSSE.
 Tremblez-vous même, & redoutez un Roi,
Vous qui m'osez ici parler en Souveraine.

CIRCÉ.
Sois moins fier de ton rang, je régne comme toi ;
Mais qu'est-ce pour Circé qu'un vain titre de Reine?

 Les Enfers, la Terre & les Cieux,
  Tout est soumis à mon obéïssance;
 Sur le Trône des Rois j'exerce ma puissance,
  Je lance la Foudre des Dieux.

  Je ne suis que trop redoutable.
Par pitié pour toi-même, appaise ma fureur;
 Rends-moi ta main, rends-moi ton cœur,
  Ou ta mort est inévitable.

ULYSSE.
Et tu crois que la mort m'inspire de l'effroi !
A son Fils malheureux joins un malheureux Pere.

CIRCÉ.
Eh bien, si de ce Fils la mémoire t'est chere,
 Je te le rends, rends-moi ta foi.

TRAGÉDIE.

ULYSSE.

Tu me rendrois mon Fils ! je ne t'en crois qu'à
  peine.

CIRCÉ.

N'en doute point, il voit encor le jour,
Si son Sang répandu doit m'attirer ta haine,
Que son Sang épargné me rende ton amour.

ULYSSE.
à Circé.

O mon Fils ! mon cher Fils ! rendez-moi ce cher
  gage
D'un amour autrefois si beau.

CIRCÉ.

Commence à réparer l'outrage.
Viens, d'un Hymen trahi rallumer le flambeau.

ULYSSE.

Ah ! je vois trop ton artifice.
Qu'entreprens-tu, Barbare ? ô projet inhumain !
  Si j'osois accepter ta main,
Du meurtre de mon Fils, je deviendrois complice.

CIRCÉ.

Quel outrage nouveau ? frappons, plus de retour.
  O toi, qui m'as donné le jour,
  Soleil, reconnois-tu ta Fille ?

Faut-il que ta clarté ne brille
Que pour voir le mépris qu'on fait de mon amour?
Attends, tu vas me voir, à punir qui m'offense,
Plus prompte que ton Char à traverser les Cieux:
Tu ne répandras plus ta lumiere en ces lieux,
    Que pour éclairer ma vengeance.

ULYSSE.

Quels transports! fui de mes Etats.
Que le jour renaissant ne t'y retrouve pas.

CIRCÉ.

Tu ne le verras pas renaître.

ULYSSE.

Tu me braves encor?

CIRCÉ.

        Je commande aux Enfers.
Circé va se faire connoître
Aux yeux de l'Univers.

ENSEMBLE.

Démons
Grands Dieux } prenez votre Victime.

Frappez, vengez-moi, vengez-vous.
C'est trop laisser regner le crime;
Qu'il n'échappe pas à vos coups.

ULYSSE.

TRAGEDIE.
ULYSSE.
On vient; à nos Autels épargne ta presence.
CIRCE'.
Au pouvoir de Minerve en vain on a recours;
C'est sur de plus puissants secours
Que Circé fonde sa vengeance.

SCENE IV.

ULYSSE, ELISMENE, TELEMAQUE, LE GRAND PRESTRE DE MINERVE, *Troupe de Prestres & de Prestresses de Minerve.*

LE GRAND PRESTRE.

Fille de Jupiter, sur tes sacrez Autels,
Un Roi que tu cheris t'apporte son hommage;
Apprends par tes bienfaits au reste des Mortels
Que tu regnes sur ce Rivage.

On danse.
ULYSSE *au Grand Prestre.*

Ministre des Autels, écoûtez votre Maître.

Que votre ardeur pour moi s'empresse de paroître;
De toutes parts, on m'annonce la mort;
Si dans mes tristes jours Minerve s'interesse,
  Obtenez de cette Déesse
Qu'elle m'éclaire sur mon sort.

LE GRAND PRESTRE *alternativement avec le Chœur.*

Protege-nous toujours, favorable Immortelle,
D'un Peuple gémissant, entends la voix fidele.

LE GRAND PRESTRE.

La nuit de l'avenir se dévoile à mes yeux :
  O Ciel! quel spectacle odieux!
Du crime d'un Mortel le Destin est complice.
  Quel Sang ! quelle main! j'en frémis :
  Garde-toi, malheureux Ulysse,
De la main de ton propre Fils.

TELEMAQUE.

De ma main ! qu'osez-vous prédire ?

ULYSSE.

Qu'ai-je entendu? que chacun se retire.
Vous, mon Fils, demeurez.

SCENE V.

ULYSSE, TELEMAQUE.

TELEMAQUE.

AH ! Seigneur, croiriez-vous
Le noir projet qu'on vous revele ?
Pour recevoir la mort, je tombe à vos genoux ;
Mais en perçant ce cœur, songez qu'il est fidele.

ULYSSE.

Grands Dieux ! à vos décrets je fus toujours soumis ;
    Mais souffrez que je m'en défie ;
Du plus noir des forfaits vous accusez mon Fils,
    Et sa vertu le justifie.

à Telemaque en le relevant.

Non, ce n'est pas de toi que je dois me garder ;
C'est à moi cependant à ne rien hazarder.
Ta vertu, ton amour, tout me paroît sincere ;
    Mais, mon Fils, le sort inhumain
Sans l'aveu de ton cœur pourroit guider ta main
    Jusques dans le sein de ton Pere.
Je crains le parricide & brave le trépas.
Il faut nous separer.

TELEGONE,

TELEMAQUE.

Nous séparer ! helas !

ULYSSE.

En vain ta tendresse en soûpire ;
La Mere d'Elismene a besoin de mon bras,
Elle m'offre son cœur, sa main & son Empire :
Prévenons nos destins, regne sur mes Etats,
Et je vais regner dans Corcyre.

TELEMAQUE.

Ah ! puisque vous n'avez à redouter que moi,
Pour vos jours précieux mon cœur est sans eftroi,

Fin du troisième Acte.

ACTE IV.

Le Théâtre represente une Forest.

SCENE PREMIERE.

CIRCE'.

A Punir un Perfide avec moi tout conspire;
 Tout s'apprête pour son trépas.
Ulysse va perir. Il va perir ! helas !
 D'où vient que mon cœur en soupire !
Dois-je m'interesser pour qui ne m'aime pas ?

Amour, si ton flambeau ne fait briller sa flâme,
 Que pour rendre le monde heureux;
 Ah ! pour la gloire de tes feux,
 Cesse de regner dans mon ame.

B iij

Tu me fais ressentir les plus tendres frayeurs,
Pour un Ingrat, pour un Volage;
Je le plains tandis qu'il m'outrage;
Et prête à l'immoler je sens couler mes pleurs.

Amour, si ton flambeau ne fait briller ta flâme
Que pour rendre le monde heureux;
Ah! pour la gloire de tes feux,
Cesse de regner dans mon ame.

C'est trop me laisser attendrir.
Plus l'Ingrat me fut cher, & plus il est coupable;
Est-ce à moi de le secourir?
Non, non, je ne lui dois qu'une haine implacable.
N'écoûtons plus que ma fureur.
Punissons, perdons qui m'offense.
Si l'amour gemit dans mon cœur
C'est pour me demander vengeance.
Vengeance, vengeance.

TRAGEDIE.

SCENE II.
CIRCE', TELEGONE.

TELEGONE.

Hatez-vous de me rendre heureux.
A m'apprendre mon sort votre foi vous engage.

CIRCE.

Je suis prête à remplir tes vœux :
Mais toi-même es-tu prêt à venger mon outrage ?

TELEGONE.

Mon zele ardent, l'espoir de mon bonheur,
Tout vous répond d'un bras vengeur.

CIRCE.

Quelqu'ardeur qui pour moi t'anime,
Tu trembleras peut-être au nom de la Victime.

TELEGONE.

Moi trembler ! c'est trop m'offenser.
Bannissez un soupçon dont ma gloire murmure ;
Montrez-moi seulement le cœur qu'il faut percer.
Vous pouvez encor balancer !
Faut-il qu'un serment vous rassure ?

Dieux tous puissants, écoûtez-moi.
C'est Circé qui se plaint d'une mortelle offense,
C'est moi qui jure sa vengeance,
Soyez les garands de ma foi.
Si je trahis ses vœux lancez sur moi la foudre,
Reduisez un parjure en poudre;
Et pour rendre mon sort mille fois plus affreux
Que mon crime, & que l'Enfer même,
Faites-moi voir tout ce que j'aime
Dans les bras d'un Rival heureux.

CIRCÉ.

C'est assez. Il est tems de nommer la Victime
Qu'à ma juste fureur ton bras doit immoler :
C'est Ulysse.

TELEGONE.

Grands Dieux !

CIRCÉ.

Ce nom te fait trembler !

TELEGONE.

Non, je brave la mort, je ne crains que le crime.
Ulysse m'a sauvé le jour,
Et de ma propre main vous voulez qu'il périsse !

CIRCÉ.

A ton serment tu dois ce sacrifice ;
Et plus encore à ton amour.

TELEGONE.

TRAGEDIE.
TELEGONE.

A mon amour ? Ciel ! quel cruel supplice ?

CIRCE'.

A servir ma fureur pourquoi balances-tu ?
De ton serment trahi tu deviens la Victime.

TELEGONE.

Ah ! quand le serment est un crime,
Le parjure est une vertu.
Laissez-vous fléchir pour Ulysse.
Qu'il vive.

CIRCE'.

Qu'il perisse.

ENSEMBLE.

Non, non, je ne puis consentir
{ A laisser vivre qui m'outrage.
{ A l'immoler à votre rage.
Aprés } le serment qui { t'engage,
Malgré }   { m'engage,
Est-ce à toi ? } de le garentir
C'est à moi   }
Du coup mortel, prêt à partir ?

CIRCE'.

Qu'il perisse.

F

TELEGONE,

TELEGONE.

Qu'il vive.

CIRCE'.

Achevons mon ouvrage.

ENSEMBLE.

Non, non, je ne puis consentir, &c.

CIRCE'.

Mais, puisqu'enfin ton cœur se refuse à ma haine,
Du coup le plus terrible il faut qu'il soit percé.
Telemaque...

TELEGONE.

Achevez.

CIRCE'.

Il épouse Elismene.

TELEGONE.

Justes Dieux!

CIRCE'.

L'Autel est dressé.

TELEGONE.

Quel Hymen? j'en fremis.

CIRCE'.

Il est ton seul ouvrage.
Quel spectacle plus doux peut s'offrir à tes yeux?

TRAGEDIE.

TELEGONE.

Ah! perisse plutôt un Rival odieux.
C'en est trop, je me livre à ma jalouse rage.

SCENE III.

CIRCE.

Va, cours, contre un Rival je viens d'armer
  ton bras;
  Mais sa mort ne me suffit pas.
En vain ton cœur frémit au nom de ma Victime;
Malgré toi par ta main son Sang sera versé :
  Je vais, pour te forcer au crime,
  Joindre tout l'Enfer à Circé.

Le Théâtre s'obscurcit & represente l'Enfer.

O nuit! vient déployer un voile impénétrable,
Qui cache ce mystere à la clarté des Cieux :
  Qu'au bruit de ma voix redoutable,
  Tout l'Enfer s'assemble en ces lieux.
Et vous, Filles du Stix, Démons, troupe fidele,
  Accourez: Circé vous appelle.

*Les trois Furies sortent du Théâtre & les Démons
  des ailes.*

F ij

SCENE IV.

CIRCE', *les Furies & les Demons.*

CHOEUR.

Nous obéïssons à ta voix,
Parle : Que prétends-tu ? l'Enfer suivra tes loix.

CIRCE'.

Je veux percer un cœur perfide ;
Secondez mon juste courroux :
Je vous demande un parricide ;
Quel crime est plus digne de vous ?

CHOEUR.

On nous demande un parricide ;
Quel crime est plus digne de nous ?

CIRCE'.

Mon Fils veut immoler son Rival à sa rage ;
Animez les Guerriers que Neptune avec lui
   Vient de jetter sur ce rivage ;
Mais c'est un autre Sang qu'il me faut aujourd'hui.

TRAGEDIE.

Megere, Alecton, Tisiphone,
D'un Epoux infidele il faut percer le cœur.
D'un Fils jusqu'à son Pere étendez la fureur;
C'est à vous à guider le bras de Telegone.

CHOEUR.

Que l'esprit de trouble & d'erreur
Répande dans les airs un funeste nüage
　　Qui cache le crime au vengeur;
　　Faisons regner sur ce Rivage
　　Et la mort & l'horreur.

Fin du quatriéme Acte.

ACTE V.

Le Théatre represente le Palais d'Ulysse. On voit dans une grande cour un Thrône destiné pour le Couronnement de Telemaque & d'Elismene, & un Autel dressé pour leur Hymen.

SCENE PREMIERE.

ELISMENE.

Pompeux aprêts, dont l'éclat m'environne,
Que vous ayez d'attraits pour moi !
C'est à l'Amour que je vous doi ;
C'est l'Amour seul qui me couronne.
Pour me faire un destin charmant,
Je vois qu'en ces lieux tout conspire ;

TRAGEDIE.

Je vais regner sur un puissant Empire,
Et sur le cœur d'un tendre Amant.

Pompeux aprêts dont l'éclat m'environne,
Que vous ayez d'attraits pour moi !
C'est à l'Amour que je vous dois ;
C'est l'Amour seul qui me couronne.
Mais, je vois Telegone, évitons ses reproches.

SCENE II.

ELISMENE, TELEGONE.

TELEGONE.

Arrêtez, cruelle, arrêtez,
Du trépas que vous m'apprêtez,
Tout annonce à mes yeux les funestes approches.
Bien-tôt, sur cet Autel fatal,
Vous allez m'immoler à mon heureux Rival.

ELISMENE.

Je vous sacrifie avec peine,
Je n'ai pas oublié vos glorieux exploits ;
Mais, pour obtenir Elismene
Il faut être du Sang des Rois.

TELEGONE.

Quoi ? sans la suprême puissance,
Je ne suis donc pour vous qu'un objet de mépris !
Ah ! si vous sçaviez à quel prix
On m'offre le secours d'une illustre naissance…
Si je vous perds, si je péris,
C'est pour sauver mon innocence.

ELISMENE.

Que dites-vous ?

TELEGONE.

Qu'un silence éternel
Cache un projet si criminel.
Mais lorsque je péris pour m'arracher au crime,
Ingrate, ne vous flatez pas
Que je vous laisse en paix joüir de mon trépas.
Tremblez, je ne ferai que changer de Victime :
Il faut que mon Rival, expirant sous mes coups,
Me venge des Dieux & de vous.

ELISMENE.

Ciel ! je tremble.

TELEGONE.

Je vais l'immoler à ma haine ;
Rien ne peut arrêter mes transports furieux :
Trône, Sceptre, Grandeur, je vous cede sans peine,

Mais

Mais je ne puis souffrir qu'on m'arrache Elismene;
Je la disputerois aux Dieux.
ELISMENE.
Cruel! qu'osez-vous entreprendre ?
TELEGONE.
Craignez tout de l'Amour jaloux;
Je sens rallumer mon courroux
Aux pleurs qu'un Rival fait répandre.
Plus vous l'aimez, plus la fureur
De mon cœur malheureux s'empare;
Quand tout est prêt pour son bonheur,
C'est la mort que je lui prépare.
Il va perir.
ELISMENE.
Eh bien, frappe Barbare;
Tu ne peux le manquer dans le fonds de mon cœur.
TELEGONE.
C'en est trop, je me livre aux transports de ma rage.
Allons, Ciel! qu'est-ce que je voi ?
De Monstres inconnus quel affreux assemblage !
L'Enfer inonde ce Rivage;
Il répand l'horreur & l'effroi.
Minerve vainement s'oppose à mon passage;
Je sens que du Destin l'irrevocable loi
M'entraîne au crime malgré moi.

G

SCENE III.

ELISMENE.

Arrête. Il me fuit. Je friſſonne.
Dieux ! ſauvez mon Amant, prenez ſoin de ſon ſort.
Ah ! faut-il, s'il reçoit la mort,
Que ce ſoit l'Amour qui l'ordonne ?

SCENE IV.

TELEMAQUE, ELISMENE.

BLISMENE.

Cher Prince ! eſt-ce vous que je voi ?

TELEMAQUE.

O Ciel ! quel trouble vous agite !
En voudroit-on aux jours du Roi ?

ELISMENE.

Apprenez quel projet contre vous on médite.

TELEMAQUE.

Princeſſe, vous tremblez pour moi !

ELISMENE.

Ah ! quand l'Amour jaloux contre vous prend les
armes,

TRAGEDIE.

N'ai-je pas sujet de trembler ?
Telegone en fureur cherche à vous immoler.

TELEMAQUE.

Que pour mon tendre cœur vos frayeurs ont de
 charmes !
Sans accuser le sort, tout mon sang peut couler,
 Il est trop payé par vos larmes.
 On vient. Par de vaines allarmes
 Ne troublez pas un si beau jour,
 Il n'est consacré qu'à l'Amour.

SCENE V.

ULYSSE, TELEMAQUE, ELISMENE,
Peuples d'Itaque & de Corcyre, Troupe de Bergers
& de Bergeres.

ULYSSE.

POur la derniere fois, écoûtez votre Maître,
 Peuples que j'ai toujours cheris ;
 Je vais vous laisser en mon Fils
 Un Roi qui mérite de l'être.
Recevez de ma main un don si précieux.
Celebrez votre Roi, celebrez votre Reine,
 Que tout retentisse en ces lieux
Du nom de Telemaque & du nom d'Elismene.

TELEGONE,

CHOEUR.

Celebrons notre Roi, celebrons notre Reine,
Que tout retentisse en ces lieux
Du nom de Telemaque & du nom d'Elismene.

ULYSSE.

Hâtez mon plus heureux instant;
Formez la plus aimable chaîne.
Telemaque, & vous Elismene,
Approchez, l'Autel vous attend.

Telemaque & Elismene s'approchent de l'Autel.

TELEMAQUE & ELISMENE à l'Autel.

Redoutables garands de mon amour extrême,
Grands Dieux! je vous atteste tous.
La Foi qu'à cet Autel je jure à ce que j'aime
Est immortelle comme vous.

Ulysse donne la main à Telemaque & à Elismene & se va placer sur le Trône avec eux.

On danse.

BRUIT DE GUERRE.

ULYSSE & TELEMAQUE.

Quel bruit!

CHOEUR *derriere le Théâtre.*

Vengeons-nous, vengeons-nous.

ULYSSE

Quels cris séditieux! Peuples, suivez-moi tous.

TRAGEDIE.

ELISMENE à *Telemaque*.

Ah ! Prince où courez-vous ?

TELEMAQUE.

Où mon devoir me guide.

ELISMENE.

Demeurez.

TELEMAQUE.

On en veut à l'Auteur de mes jours ;
Ce seroit être parricide,
Que lui refuser mon secours.

SCENE VI.

ELISMENE.

Dieux ! c'est en vous seul que j'espere ;
Protegez le Fils & le Pere.

CHOEUR.

Vengeons-nous, vengeons-nous,
Qu'il n'échape pas à nos coups.

ELISMENE.

A qui s'adresse, ô Ciel ! cette horrible menace !

CHOEUR.

Vengeons-nous, vengeons-nous.

ELISMENE.

Ah ! d'horreur tout mon sang se glace.

G iij

TELEGONE,

CHOEUR d'Habitants d'Itaque & de Corcyre
derriere le Théâtre.

O déplorable fort ! ô Peuple infortuné !

ELISMENE.

Quel malheur fait gémir ce Peuple consterné ?

SCENE VII.

TELEGONE, ELISMENE.

TELEGONE.

J'Ai pû verser le Sang d'Ulysse !
Dieux ! armez-vous pour mon supplice.

SCENE VIII.

ULYSSE soûtenu par TELEMAQUE,
TELEGONE, ELISMENE,
Peuples d'Itaque & de Corcyre.

TELEGONE *se jettant aux pieds d'Ulysse.*

AH ! Seigneur, ordonnez qu'on me donne la mort.

ULYSSE à *Telegone.*

Quoi ! j'ai sauvé tes jours & je suis ta Victime !
Perfide !

TRAGEDIE.
TELEGONE.
N'imputez qu'au sort
Toute la noirceur de mon crime.

ULYSSE à *Telegone*.
Va, je meurs trop heureux, les Dieux n'ont pas
permis
Que je fusse immolé par la main de mon Fils.

SCENE DERNIERE.

CIRCE' *dans son Char, & les Acteurs de la Scene precedente.*

CIRCE' à *Ulysse.*

Sors d'erreur, trop coupable Pere,
Telegone est ton Fils, il a vengé sa Mere.

TELEGONE à *Circé.*
Moi, son Fils? quel horreur! quel Sang j'ai fait
couler?

ULYSSE
Quel comble de malheur! j'expire.

TELEGONE.
O rage! ô crime!

TELEGONE, TRAGEDIE.

à Circé.

Inhumaine, il vous faut encore une Victime;
C'est à moi de vous l'immoler.

CIRCÉ.

Arrête.

TELEGONE.

C'en en fait.

CIRCÉ.

Sa mort est mon ouvrage,
J'ai mis le comble à mes forfaits.
Partons. Mais détruisons ce Trône & ce Palais:
Que tout parle ici de ma Rage.

Les Démons executent l'ordre de Circé.

Fin du cinquiéme & dernier Acte.

APPROBATION.

J'AY lû par l'ordre de Monseigneur le Garde des Sceaux, *Telegone*, *Tragedie*, pour l'Académie Royale de Musique; & je n'y ai rien trouvé qui puisse en empêcher l'Impression. Fait à Paris ce 10. Septembre 1725.

DANCHET.

A PARIS. De l'Imprimerie de J. B. LAMESLE, ruë des Noyers, 1725.

www.ingramcontent.com/pod-product-compliance
Lightning Source LLC
LaVergne TN
LVHW051513090426
835512LV00010B/2511